晩酌が俄然楽しくなる超・時短燻製121

　　　が　ぜん

たけだバーベキュー

5分でかける"煙の魔法"

Introduction

どうもこんにちは。たけだバーキューです。僕は名前に「バーベキュー」と入っているだけあって、とにかくBBQが大好きです。数えてみて驚いたのですが、年に200回はやっています。
そしてそんな僕がBBQの傍らでよくやっていたのが「燻製」です。BBQの準備の前に仕込んで、そこから3時間ほどゆっくり燻すと、茶色く輝く燻製が出来上がります。燻製フレーバーが食材をさらにおいしくし、なんともお酒が進むおつまみに生まれ変わらせるのです。
もちろん参加者も大喜び。そこで僕は思いました。このおいしさを、家庭でも簡単に再現できないかと。

こうしてたどり着いたのが「時短燻製」です。

一切のわずらわしさを排除し、保存を目的とせず、熱とともに短時間で食材に燻味を移す燻製、それが「時短燻製」です。自分で作った燻製は本当においしいですよ。今まで「難しそうだな」と燻製を敬遠していたあなた！ この本とお酒を手に持って、ともに行きましょう、煙の向こう側へ！　レッツスモーク！

時短燻製とは 1

3〜10分で なんでも 驚くほど うまくなる！

燻製とはもともと保存を目的とした調理法を指します。スモークチップを高温に熱して煙を食材に当てて風味付けをすると同時に、煙に含まれる殺菌・防腐成分を食材に浸透させる……。つまり煙を使った食材の加工保存技術です。

スモークされた食材は豊かな風味を持ちおいしくなりますが、本格的に燻製をすると非常に手間がかかります。専門書を読んでも、やり方がよく分からない。つまりハードルが高いのです。燻製はやってみたいけど、二の足を踏んでいる方も多いのではないでしょうか。

そんな皆さんに広くオススメしたいのが、3〜10分という短時間で簡単にできる「時短燻製」なのです。

時短燻製とは /2/

自由気ままな
男のロマンだ!

時短燻製とは何か。まず、燻製の本来の目的である保存を目的としていません。つまり、面倒な仕込みの手間が発生しないのです。燻製は温燻、熱燻、冷燻の3種類に分類されますが、時短燻製イコール熱燻とご理解ください。

中火で一気に熱を通して食材にギュッと煙をまとわせます。この「煙の魔法」により、長くても10分もあればどんな食材でもうまくなるのです。

最低限覚えておいてほしいルールさえ守れば、時短燻製は自由です。短時間で燻製した食材をそのまま食べてもいいし、自分流にアレンジしてみてもいいでしょう。そこには自由で気ままな男のロマンがあります。まずは手軽に「燻製の素晴らしさ」を味わっていただきたいと願っています。

次のページでは「時短燻製」の4ヵ条をご紹介しましょう。

時短燻製4ヵ条

保存という概念を捨てよ！

食材を長期間保存することが目的ではありません。燻製の「風味」を手軽に楽しむことを重要視しています。燻した食材はその日の晩酌で食べ切ってください。

水分は敵である！

燻製の敵は水分。失敗の原因は、食材に含まれる水分がヤニを吸って酸味が強くなってしまうことが大半です。そのため、水分の多い食材は燻製に向きません。時短燻製では、できる限り水分を取りのぞくことを推奨します。

スモークチップは少なめで！

煙が多い方がおいしくできそうですが、大量のチップを入れるとヤニっぽくなるので要注意。チップは片手ひとつまみ（約10グラム）で十分です。室内で行う場合は換気を忘れずに。

燻香は調味料だ！

「甘味」「酸味」「塩味」「苦味」に加わる新しい味覚が「燻味」。時短燻製は調味料感覚で取り入れます。市販の食材や加工食品も積極的に活用して、燻製後に味が物足りなければ塩かしょうゆをプラス。それくらいの気軽さで大丈夫です。

contents

Introduction…3
時短燻製とは①…5
時短燻製とは②…7
時短燻製4ヵ条…8
燻製に必要な道具…12
燻製の方法…14
本書の使い方…16

PART 1
王道燻製…17

チーズの燻製…18
　→パリパリ燻製チーズ…19
ゆで卵の燻製…20
　→スモークタルタル…21
酒粕の燻製…22
　→酒粕のカプレーゼ…23
たくあんの燻製…24
　→ポテサラ…25
ソーセージの燻製…26
　→ソーセージチャーハン…27
ベーコンの燻製…28
　→カルボナーラ…29
サバの燻製…30
　→燻製サバサンド…31
燻製コンビーフ…32
　→ユッケ…33

明太子の燻製…34
　→カナッペ…35
カキの燻製…36
　→アヒージョ…37
たけだバーベキューの
「くんせい」コラム①…38

PART 2
調味料の燻製…39

塩の燻製…40
　→タイのカルパッチョ…41
　→かき揚げ…42
　→ソルティードッグ…43
しょうゆの燻製…44
　→刺し身…45
　→いそべ焼き…46
　→燻製TKG…47
オリーブオイルの燻製…48
　→洋風そうめん…49
　→なんちゃってスモークサーモン…50
　→バニラアイス…51
みその燻製…52
　→野菜のディップ…53
バターの燻製…54
　→コーンバター…55
カレー粉の燻製…56

→クラムチャウダー…57
　　→ゴボウチップス…58
　　→肉じゃが…59
燻製インスタントコーヒー…60
　　→ミートソースパスタ…61
燻製中華ダシ…62
　　→もやしナムル…63
にんにくチューブの燻製…64
　　→バーニャカウダ…65
燻製オタフクソース…66
　　→チキンナゲット…67
燻製塩こんぶ…68
　　→浅漬け…69
たけだバーベキューの
「くんせい」コラム②…70

PART 3
ガッツリ燻製…71

ステーキ肉の燻製…72
から揚げの燻製…74
シューマイの燻製…75
天ぷらの燻製…76
ピザの燻製…78
餃子の燻製…79
チーズバーガーと
フライドポテトの燻製…80

ペヤングの燻製…82
チキンラーメンの燻製…83
豚まんの燻製…84
ホットドッグの燻製…85
燻製じゃがいも…86
　　→ポテサラ…87
燻製冷凍ピラフ…88

PART 4
肉の燻製…89

スペアリブの燻製…90
ささみの燻製…92
牛タンの燻製…93
ローストビーフの燻製…94
生ハムの燻製…96
　　→生ハム豆腐…97
スパムの燻製…98
　　→スパム卵とじ丼…99
焼き鳥盛り合わせの燻製…100
砂肝の燻製…101
ミミガーの燻製…102
揚げ物総菜の燻製…103
ラムチョップの燻製…104
手羽先の燻製…106

PART 5
魚の燻製…107

アジの干物の燻製…108
瞬間スモークサーモン…110
つぶ貝の燻製…112
さつま揚げの燻製…113
ウナギのかば焼きの燻製…114
タコの燻製…116
　→タコサラダ…117
ボイルエビの燻製…118
　→生春巻き…119
しらすの燻製…120
　→しらすおろし…121
タチウオの燻製…122
シシャモの燻製…123
ベビーホタテの燻製…124

PART 6
コンビニ燻製…125

アメリカンドッグの燻製…126
ビーフジャーキーの燻製…127
ミックスナッツの燻製…128
ポテチの燻製…128
チータラの燻製…130
カニカマの燻製…130
とんがりコーンの燻製…132
うまい棒の燻製…132
うずらの卵の燻製…134
枝豆の燻製…135
鮭とばの燻製…136
エイヒレの燻製…137
サキイカの燻製…138
フリーズドライスープの燻製…139
カマンベールチーズの燻製…140
はんぺんの燻製…142
だし巻き卵の燻製…142
駄菓子の燻製…144
芋けんぴの燻製…145
たけだバーベキューの
「くんせい」コラム③…146

PART 7
スイーツ燻製…147

ドライフルーツの燻製…148
バームクーヘンの燻製…149
メロンパンの燻製…150
ドーナツの燻製…151
クッキーとマシュマロの燻製…152
パウンドケーキの燻製…154
シュークリームの燻製…156
チーズタルトの燻製…157
Epilogue…159

燻製に必要な道具

燻製器（スモーカー）

時短燻製では、ガスコンロで加熱できるコンパクト式のスモーカーを使用します。ネット通販などを利用すると便利です。写真はコールマン社のもの。安価で収納しやすく、小さな台所でも使いやすいので重宝します。燻製の際は換気必須。換気扇を最大にして、警報機が鳴らないように注意してください。

スモークチップ

燻製にはスモークチップが欠かせません。木を細かく砕いたもので、燻製のキモともいえる煙を発生させます。木の種類によって香りが異なります。サクラがもっとも一般的ですが、オークウッド、ナラ、クルミ、ブナなども一般に流通しています。チップに直接火はつけず、カセットコンロなどの火力を利用します。スモークウッドという種類もありますが、今回の時短燻製（熱燻）では使いません。

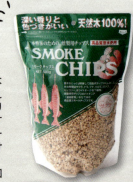

カセットコンロ

台所のガスコンロでも燻製可能ですが、自動火力調整機能がついていると火が消えてしまうため、カセットコンロの方が安定して燻製できます。

ザラメ

チップにザラメを少量混ぜてから燻製すると完成した食材にテリが出ます。なくても燻製はできますが、入れることでさらにおいしく美しく仕上がります。

手袋

燻製器によっては中の網を取り出す際に熱に注意が必要です。軍手があれば安心して作業に集中できます。

キッチンペーパー

食材の水気をきる際に重宝します。仕上がった燻製を拭くときもこれがあれば大丈夫。

メラミンスポンジ

フタについた煙はヤニとなってこびりつき、液ダレで風味を悪くする原因となります。仕上がりが悪くなる原因となる網の汚れは、メラミンスポンジで簡単にきれいにすることができます。

アルミホイル

チーズなどの柔らかい食材を燻製するときに必須。アミにくっつかず、きれいに燻製することができます。チップを入れる皿としても使えます。

燻製の方法

時短燻製とは煙を出して食べ物にスモークの香りをコーティングする作業を指します。簡単に工程を説明しよう。

STEP 1

お好みのチップ約10グラムと、あればザラメ小さじ1をセットする

STEP 2

網をスモーカーにセットし、食材が重ならないようにのせる

STEP 3

中〜強火で加熱。しばらく経つとチップから煙が出てきます

STEP 4

ここからが本番。煙を閉じ込めるためフタをして弱火にします

STEP 5

2〜3分するとフタのふちから煙が出てきます。これは順調に燻されているサイン

STEP 6

時間通り燻したら、火を止めて中を見る。ほど良い色付きなら完成。色が薄い時は追加で2〜3分燻製する

STEP 7

煙をしばらく落ち着かせたら食べ頃。さあ味見だ！

「うん！おいしい！」

How to use
本書の使い方

──レシピ名

アレンジ
直前のページで燻製した食材や調味料を使ったアレンジメニューです

たけだ's EYE
燻製する際のポイントやコツ、アレンジレシピにまつわるちょっとしたメモが書かれています。

＼ 燻製時間はわずか5分！
残業後だってイケちゃいます！ ／

PART

王道燻製

燻製の基本とも言える
王道の食材をご紹介
時短燻製が演出する
煙の魔法をご堪能ください

燻製の王道、茶色の宝石
チーズの燻製

材料
6Pチーズ
（プロセスチーズ）
適量

作り方
下面を残してパッケージをむいたチーズを網の上に均等にのせる。5分燻製したら火を止めて、そのまま5分寝かせる

たけだ's EYE

必ずプレーンタイプのプロセスチーズを使用してください。それ以外だと溶ける可能性があります

簡単だけどとびきりおいしい
パリパリ燻製チーズ

材料

チーズの燻製 適量

作り方

チーズの燻製をテフロン加工のフライパンにのせて、密着するよう押しつける。弱火で10分温める

たけだ's EYE

電子レンジでも調理可。クッキングシートに乗せて600wで1分半加熱してください

香ばしさをまとった最高のおつまみ
ゆで卵の燻製

材料
ゆで卵 適量

作り方
キッチンペーパーでゆで卵の水けをきり
スモーカーに入れて5分燻製する

たけだS EYE

ザラメを入れるとテリとツヤが出て、さらに美しい茶色に仕上がります

PART 1 王道燻製

ワインと合わせても、パンにのせてもおいしい
スモークタルタル

材料
ゆで卵の燻製 2個　きゅうり 1/3本
マヨネーズ 大さじ3　粒マスタード 小さじ1/2
酢 小さじ1

作り方

1 薄切りにしたきゅうりをひとつまみの塩(分量外)で軽くもむ

2 8等分に切ったゆで卵の燻製、水けをしぼったきゅうり、マヨネーズ、粒マスタード、酢をボウルに入れてあえる

たけだ's EYE

お好みでパセリ、黒コショウをふりかけてもおいしいです

高級感漂うおつまみに大変身
酒粕の燻製

材料

酒粕 適量

作り方

手ごろな大きさにカットした酒粕を網にのせ、5分燻製する

たけだ's EYE

市販のバジ〔…〕ソースを使〔…〕と簡単で本〔…〕的な仕上が〔…〕になります

たけだ's EYE

「外はパリッ、中はシットリ」が理想の完成形です

PART 1 王道燻製

和と洋が口の中でマリアージュ
酒粕のカプレーゼ

材料

酒粕の燻製 5個　ミニトマト 5個　バジル 5枚
オリーブオイル 大さじ1　塩コショウ 各少々

作り方

1 酒粕の燻製を5cm角に切り、半分に切ったトマトと交互に並べる

2 バジルを散らし、塩コショウをかけ、オリーブオイルをまわしかける

古来伝わる伝統の味
たくあんの燻製

材料

たくあん 適量

作り方

たくあんを網にのせて
10分燻製する

たけだ's EYE

香りを楽しみたい人はカットしてから燻製してください

いつもの総菜が居酒屋で食べる味に

ポテサラ

材料
市販ポテトサラダ 150グラム
たくあんの燻製 50グラム

作り方
たくあんの燻製を5ミリ角に切り、ポテトサラダとよく混ぜる

たけだ's EYE

みじん切りより少し大きめにカットして、たくあんの食感を生かしてください

"追い燻製"でさらに豊かな香りに
ソーセージの燻製

材料

ソーセージ 適量

作り方

ソーセージを網にのせて、5分燻製する

たけだ's EYE

ソーセージに熱と煙が入ることでさらにおいしくなります

PART 1 王道燻製

みんなが大好きなテッパンメニュー
ソーセージチャーハン

材料

ソーセージの燻製 3本　玉ねぎ 1/8個　卵 1個　ごはん 1膳
にんじん 1/8本　中華ダシ 小さじ1/2　塩コショウ 各少々
ごま油 大さじ1

作り方

1. 玉ねぎ、にんじん、ソーセージの燻製をお好みの大きさに切る

2. フライパンでごま油を熱し、1を炒め合わせる

3. 玉ねぎ、にんじんがしんなりとしたら、溶き卵、ごはんを入れて炒める。塩コショウ、中華ダシで味つけをする

本来の燻製の香りを楽しめる
ベーコンの燻製

材料
ベーコンブロック 適量

作り方
ベーコンブロックを網にのせて10分燻製する

たけだ's EYE

ベーコンから脂が落ちるので、チップの火が消えないように注意してください

確かなベーコンの存在感!
カルボナーラ

材料

ベーコンの燻製 50グラム　パスタ 100グラム　卵 1個
粉チーズ 大さじ3　にんにくスライス 1片分
パスタのゆで汁 50cc　オリーブオイル 適量

作り方

1. 5ミリ幅で棒状にカットしたベーコンの燻製、にんにくスライス、オリーブオイルをフライパンに入れて火にかけ、ベーコンが色づくまで炒める

2. 袋の表示時間通りにゆでたパスタとゆで汁を1のフライパンに入れる。

3. 軽く炒め合わせたら火を止め、混ぜ合わせておいた卵と粉チーズを投入してあえる

外は香ばしく、中はしっとりジューシー
サバの燻製

材料

サバの切り身 1枚

作り方

サバの皮目を下にして網にのせ、
5分燻製したら、
ひっくり返して
さらに5分燻製する

たけだ'S EYE

皮がくっつきやすいので、網に油を塗るときれいに仕上がります

臭みのないサバは意外とバンズに合うんです
燻製サバサンド

材料
サバの燻製 1枚　トマト 1/2個
玉ねぎ 1/8個　レタス 2枚
マヨネーズ 大さじ2
しょうゆ 小さじ1
バゲット 1/3本

たけだ's EYE
ソースにわさびを入れてもおいしいです

作り方

1. トマト、玉ねぎを薄く横にスライス。横半分に切ったバゲットにレタス、トマト、玉ねぎの順にのせる

2. 野菜の上にサバの燻製をのせ、しょうゆ、マヨネーズを混ぜ合わせたソースをかけてバゲットで挟む

燻製の香りを追加して大人のおつまみに

燻製コンビーフ

材料

コンビーフ 1缶

作り方

缶から出したコンビーフをほぐして、
アルミホイルの上に広げ、
5分燻製する

たけだ's EYE

アルミホイルの上にコンビーフを厚く盛らないように、まんべんなく広げましょう

あとをひくこってり感
ユッケ

[材料]

燻製コンビーフ 1/2缶　玉ねぎ 1/8個　卵黄 1個
かいわれ大根 適量　コチュジャン 小さじ1　焼肉のたれ 大さじ1

[作り方]

玉ねぎをスライスし、すべての材料をボウルに入れて混ぜ合わせる

たけだ's EYE

コチュジャンの量で辛さの調整をしてください

焼酎と一緒にどうぞ
明太子の燻製

材料

明太子 適量

作り方

明太子をひと腹ずつ間をあけて網にのせ、5分燻製する

> たけだ's EYE
>
> マヨネーズのかわりにクリームチーズを入れてもおいしいです。お好きな調味料と混ぜて自由に楽しんでください

> たけだ's EYE
>
> 燻製時間によって火の入り方が変わります。お好みで加減してください

こちらはワインと合わせましょう
カナッペ

材料（8枚分）
明太子の燻製 1腹
マヨネーズ 大さじ3
クラッカー 8枚
かいわれ大根 適量

作り方
明太子の燻製とマヨネーズを
混ぜ合わせ、
クラッカーにのせる。
お好みでかいわれ大根をのせる

ワンランク上の大人のおつまみ
カキの燻製

材料

カキ(生食用) 適量

作り方

キッチンペーパーでカキの水けをよくきったら、網にのせて10分燻製する

たけだ's EYE

前日から冷蔵庫で乾燥させると、さらにおいしくきれいに仕上がります

間違いないおいしさを約束
アヒージョ

材料

カキの燻製 小ぶり12粒　オリーブオイル 大さじ4
にんにく 3片　鷹の爪 1本

作り方

1. 鷹の爪のタネを取る
2. オリーブオイルに、にんにくと鷹の爪を入れ弱火にかけ、ふつふつしてきたらカキの燻製を投入し、そのまま5分加熱する

たけだ'S EYE

きのこ類を入れるとさらにおいしくなります。焼いたバゲットにオイルをつけてもgood

たけだバーベキューの「くんせい」コラム

クリームチーズ最強説

燻製と合わせて食べるとおいしいものは何か。いろいろ試した結果、たどり着いたのがクリームチーズでした。ギリシャヨーグルトや水切りヨーグルトもいい線まで行ったのですが、入手や作る手間を考えるとクリームチーズに軍配が上がりました。

サーモン、いぶりがっこ、明太子、牛肉など、本当にどんな燻製にもマッチしてくれます。燻味をまろやかにしてくれて、なおかつ柔らかな食感を与えてくれるので、お酒が進むこと進むこと。

そして何より、名前の響きを1ランク上へと導いてくれます。普通に燻した食材でも「〜のクリームチーズ和え」を付けるだけで、それはもう居酒屋で780円は取れるであろう一品に昇華させてくれるのです。

クリームチーズはとにかく、おいしく、そして見た目もおしゃれにしてくれます。

皆様もぜひ燻製で一杯やるときは、クリームチーズも一緒に添えて、いつもより少し上品なスモークタイムを演出してみてください。

クリームチーズは燻製の最強の友！

調味料の燻製

どの家庭でも常備している
おなじみの調味料が
燻製でかつてない味わいに

パパッと振るだけで無限のバリエーション

これぞ万能！ 魔法の調味料
塩の燻製

材料
塩（できれば粒が粗いものを）適量

作り方
網にアルミホイルをのせ
重ならないように
塩を広げて10分燻製する

たけだ'S EYE

水気が少ない塩の方が仕上がりがきれいですが、味は変わりません

シンプルに塩と魚のうまみを楽しむ
タイのカルパッチョ

材料

燻製塩 適量　タイの刺し身 1パック
オリーブオイル 適量　レモン 適量
コショウ 適量

作り方

タイの刺し身に燻製塩を散らしてオリーブ
オイルをまわしかけ、レモンを絞り
お好みでコショウをふる

アレンジ

奥深いうまみ

ウイスキーと合わせたくなる特上のつまみ
かき揚げ

材料

燻製塩 適量　かき揚げ 適量

作り方

燻製塩をかき揚げにふりかける

たけだ's EYE

少量で味わいがあるので減塩効果もあります

PART 2 調味料の燻製

アレンジ

かつてない味わいのカクテル誕生
ソルティードッグ

材料

燻製塩 適量　ウォッカ 150cc
ピンクグレープフルーツジュース 150cc

作り方

1. カットレモン（分量外）などでグラスのふちをなぞる。塩を広げたバットの上にグラスを逆さに置いて、グラスのふちに塩をつける

2. 氷を入れ、ウォッカとピンクグレープフルーツジュースを入れて静かにステアする

たった一滴でどんな食材も豊かな風味に

豊かな風味をまとってパワーアップ
しょうゆの燻製

材料

しょうゆ 適量

作り方

網に器に入れた
しょうゆをのせ
10分燻製する

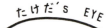

たけだ's EYE

広く浅い器に入れると燻製の風味がよくつきます

PART 2 調味料の燻製

シンプルだからこそうまい
刺し身

材料

燻製しょうゆ 適量
お好みの刺し身 1パック

たけだ's EYE

まずはわさびを入れずに燻製しょうゆの風味を楽しんでください

簡単、おいしい、香ばしい
いそべ焼き

材料

燻製しょうゆ 適量　お餅 適量　のり 適量

作り方

トースターで焼いた餅に
燻製しょうゆをつけ、
のりを巻く

たけだ's EYE

あらかじめ餅に切れ込みを入れるときれいに膨らみます

定番メニューが驚きの味わいに
燻製TKG

材料
燻製しょうゆ 適量　ごはん 1膳　卵 1個

作り方
ごはんに卵と燻製しょうゆをかける

たけだ's EYE

卵を入れる前にごはんに直接燻製しょうゆをかけると、より燻製の風味を楽しめます

口にした瞬間に分かる深い味わい

どんどんかけたくなる魔法の液体
オリーブオイルの燻製

材料

オリーブオイル 適量

作り方

網に器に入れた
オリーブオイルをのせ
10分燻製する

たけだ'S EYE

広く浅い器に入れると燻製の風味がよくつきます

PART 2 調味料の燻製

おなじみの食材をいつもと違う食べ方で

洋風そうめん

材料
燻製オリーブオイル 適量
そうめん 1束
塩 適量　カボス 1/4個

作り方
1 そうめんをゆでてよく水けをきる

2 カボスを絞り、塩、燻製オリーブオイルをかける

アレンジ

たったひと手間であの味を再現!
なんちゃってスモークサーモン

材料

燻製オリーブオイル 適量　サーモン刺し身 1パック　塩 適量

作り方

サーモンを食べやすい
大きさに切り、
燻製オリーブオイルを
かけ塩をふる

たけだ'S EYE

普通の塩でもおいしいのですが、燻製塩を使うともっと風味が増します

PART 2 調味料の燻製

病みつきになる、大人の味わい
バニラアイス

材料
燻製オリーブオイル 小さじ2　バニラアイス 適量

作り方
アイスを器に盛りつけたら、燻製オリーブオイルをまわしかける

たけだ's EYE

塩をかけるとさらに甘さが引き立ちます

新しい調味料の誕生

みそ汁以外に広がる無限の可能性
みその燻製

材料

みそ（できれば豆の粒が大きいもの）適量

作り方

網にアルミホイルをのせ
みそを薄く広げて
10分燻製する

たけだ's EYE

赤みそ、白みそでも
おいしくなります

まるで市販の調味みそのような味わい
野菜のディップ

材料
燻製みそ 適量　お好みの野菜 適量

作り方
野菜をカットして
燻製みそをつける

たけだ'S EYE

みそとマヨネーズを
合わせてもおいしく
なります

香ばしさがプラスされた極上の流動体
バターの燻製

材料

バター 適量

作り方

網に器に入れた
バターをのせ
10分燻製する

たけだ's EYE

冷蔵庫で冷やし
固めて使うことも
できます

とまらないうまさ
コーンバター

材料
燻製バター 大さじ2
コーン缶 180グラム
塩コショウ 少々

作り方
フライパンに燻製バターを熱しコーンを投入。
塩コショウをしてコーンに焼き色がつくまで炒める

たけだ's EYE

冷蔵庫で冷やし固めた燻製バターをのせてもおいしいです

魔法のミックススパイスに燻香をプラス

燻製という名のスパイスをプラス
カレーがさらにうまくなる

カレー粉の燻製

材料

カレー粉 適量

作り方

網にアルミホイルをのせ
カレー粉を薄く広げて
10分燻製する

たけだ's EYE

長時間燻製するとより香りが強くなります。お好みでどうぞ

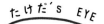
PART 2 調味料の燻製

寒い季節にぴったり
クラムチャウダー

たけだ's EYE

カレー粉をかけてからレンジで温めるとより香りが立ちます

材料
燻製カレー粉 小さじ1
クラムチャウダー 適量

作り方
クラムチャウダーを温めて、上に燻製カレー粉をかける

アレンジ

カレーのスパイシーさが油っぽさを帳消し
ゴボウチップス

材料

燻製カレー粉 小さじ1　ごぼうチップス 適量

作り方

ゴボウチップスに
燻製カレー粉をふりかける

たけだ's EYE

ゴボウチップスはささがきにしたゴボウに片栗粉をまぶし少なめの油で揚げると簡単にできます

アレンジ

家庭の味がお店の味に
肉じゃが

材料

燻製カレー粉 小さじ1　肉じゃが 1人前

作り方

肉じゃがに
燻製カレー粉をふりかける

たけだ's EYE

スパイシーな味わいで酒もごはんも進みます

もはやインスタントではない

隠し味界のマルチタレント

燻製インスタントコーヒー

材料

インスタントコーヒー 適量

作り方

網にアルミホイルをのせインスタントコーヒーを薄く広げて10分燻製する

たけだ's EYE

さまざまな料理の隠し味としても重宝しますが、そのままお湯を入れて飲んでも味わい深いです

市販のソースが驚くほど奥深い味わいに
ミートソースパスタ

材料
燻製インスタントコーヒー 小さじ1
ミートソース 1人前　パスタ 100グラム
パセリ 適量

作り方
温めておいたミートソースに燻製インスタントコーヒーを混ぜる。ゆでたパスタにかけ、パセリを散らす

／これひとつで
　味が決まる＼

立体的なうまみに大変身！
燻製中華ダシ

材料

中華ダシ 適量

作り方

網に浅い皿やアルミ
ホイルをのせ
中華ダシを薄く広げて
10分燻製する

たけだ'S EYE

失敗しづらくどんな
料理の隠し味にも使
えます

PART 2 調味料の燻製

あっという間に完成する万能おつまみ
もやしナムル

材料

燻製中華ダシ 小さじ1　もやし 1袋　ごま油 大さじ1
粗挽きコショウ 小さじ1/3　塩 ひとつまみ

作り方

もやしをお湯に入れ再沸騰したらお湯をきる。
ボウルに全材料を入れてあえる

たけだ'S EYE

塩はほんの気持ち程度で

パンチが足りないときにどうぞ

刺激的な香りにさらなる奥行きを
にんにくチューブの燻製

材料

にんにくチューブ 適量

作り方

網に浅いお皿をのせ、にんにくチューブをまんべんなく広げて10分燻製する

たけだ's EYE

アルミホイルだとこびり付くので注意してください

ヘルシーな一品にインパクトを
バーニャカウダ

材料

にんにくチューブの燻製 大さじ1/2　アンチョビ 小さじ1
オリーブオイル 大さじ2　お好みの野菜 適量

作り方

調味料をすべて混ぜ小皿に入れて、
食べやすくカットした野菜につける

いつものソースに飽きたらこれ

おふくろの味がマダムの味に
燻製オタフクソース

材料

オタフクソース 適量

作り方

網に浅いお皿をのせ
オタフクソースを薄く広げて
10分燻製する

たけだ's EYE

燻製した後に一晩寝かせると味が落ち着きます

あのファストフードの人気ソースを再現！
チキンナゲット

材料
燻製オタフクソース 小さじ2　ケチャップ 大さじ3
チキンナゲット お好みの量

作り方
調味料をすべて混ぜ、チキンナゲットにつける

無限の可能性を持つ調味料

うまみに、さらなるうまみを追加
燻製塩こんぶ

材料

塩こんぶ 適量

作り方

網にアルミホイルをのせ、
塩こんぶを広げて
5分燻製する

たけだ'S EYE

熱が入ると縮みますが味に問題はありません

PART 2 調味料の燻製

簡単おいしい！
浅漬け

材料

燻製塩こんぶ 10グラム
キャベツ 100グラム
にんじん 20グラム

作り方

1 一口大に切ったキャベツと千切りにしたにんじん、燻製塩こんぶをビニール袋に入れて手でもむ

2 5分おいて味をなじませる

たけだ'S EYE

味が薄い場合は様子を見ながら塩こんぶを追加してください

たけだバーベキューの「くんせい」コラム 2

初心者時代の大失敗

それは初めて燻製をしたときのこと。当時大阪で小さなワンルームマンションに一人暮らしをしていた僕は、「燻製をやってみよう!」と思い立ち、燻製のくの字もわからぬままホームセンターに燻製アイテムを買いに行きました。「いっぱい入っている!」という理由だけでスモークチップを買い、家に帰って早速火にかけてみることに。多い方がいいだろうと思い、手の平に山盛りにしたチップをカセットコンロでガンガンに燃やし、そこに自作の段ボールスモーカーをかぶせて(今思うと超危険。マネしないでね!)、牛肉を燻してみること5分。
すると部屋の小さい小さい換気扇では到底換気しきれないほどの煙が一気に充満し、部屋中どえらいことに。壁からスーツからパソコンから、あらゆるものが一瞬でスモークされ、寝ても覚めても燻製臭い生活が2週間は続きました。燻製したはずが、逆に僕の方が燻製されていました……。
「思ってた燻製と違う!」── これが僕の初燻製です。

あの時の失敗が今に活きている…

PART 3

ガッツリ燻製

お腹いっぱい食べたい時は
燻製でさらに満足度アップ

滴る肉汁！
キングオブごちそう！

ステーキ肉の燻製

材料

牛ステーキ肉 200グラム

作り方

1. 牛ステーキ肉に塩をふり、しばらく置いてからキッチンペーパーで水気をとる。牛ステーキ肉を網の上にのせて10分燻製する

2. 火を止め余熱で中まで火を通す

たけだ'S EYE

肉の厚さによって熱が入りにくい場合は燻製時間を長くしてください

おなじみの総菜が煙で進化
唐揚げの燻製

材料
唐揚げ 適量

作り方
網の上に唐揚げをのせて5分燻製する

たけだ's EYE

めんつゆでひたひたにしてご飯にのせれば唐揚げ丼に

燻製の香りに包まれた肉の宝石
シューマイの燻製

材料

シューマイ 適量

作り方

網の上にシューマイをのせて5分燻製する

たけだ's EYE

あまり火を入れすぎると皮がかたくなります

PART 3 ガッツリ燻製

小麦色に日焼けした
衣に垂涎

天ぷらの燻製

材料

天ぷら 適量

作り方

網の上に天ぷらをのせて
5分燻製する

たけだ's EYE

水分がとぶので、でき合いの総菜でもおいしく仕上がります

たけだ's EYE

> 熱が入ることでチーズがとろけて生地はカリッとします

とろとろチーズと香ばしい生地が絶品
ピザの燻製

材料	作り方
ピザ 1枚	網の上にピザをのせて10分燻製する

病みつきになるうまさ!
餃子の燻製

材料

餃子 適量

作り方

網の上に餃子をのせて
5分燻製する

たけだ's EYE

酢とコショウで食べるとさらにおいしくいただけます

まるで高級ダイナーで
食べるような味わい

チーズバーガーと
フライドポテトの
燻製

材料

チーズバーガー 1個
フライドポテト 1人前

作り方

網の上にチーズバーガーと
フライドポテトをのせて
5分燻製する

たけだ'S EYE

チーズが溶けるタイミングで燻製を切り上げてください

ソース味に香ばしさをプラス
ペヤングの燻製

材料

ペヤングソース焼きそば 1個

作り方

パッケージの指示通りに
焼きそばを作ったら、
一度容器から出して
アルミホイルにのせ、
5分燻製する

たけだ'S EYE

> 湯切りをしっかりと
> することがおいしく
> 仕上げるコツです

PART 3 ガッツリ燻製

お湯をかけた瞬間に立ちのぼる芳潤な香り
チキンラーメンの燻製

材料

チキンラーメン 1個　卵 1個

作り方

網の上にチキンラーメンをのせて
5分燻製する。
丼に入れ卵をのせてお湯をかける

たけだ'S EYE

細かく砕いてお酒の
おつまみにしてもお
いしいです

冬の定番商品がワンランク上の味わいに
豚まんの燻製

材料

コンビニの豚まん 適量

作り方

網の上に豚まんをのせて5分燻製する

たけだ's EYE

温かい豚まんの方が皮が柔らかいので燻製の香りがつきやすいです

たけだ's EYE

> パンとソーセージを分けて燻製することでより香ばしくなります

ホットドッグという小宇宙に訪れたビッグバン
ホットドッグの燻製

材料	作り方
ホットドッグ 1個	網の上にホットドッグをのせて5分燻製する。最後にトマトケチャップとマスタードをかける

たけだ'S EYE

> ゆでて皮をむいた後は水分をしっかりとばしてください

垢抜けないあの子がワイルドに変身
燻製じゃがいも

材料
じゃがいも 適量

作り方
ゆでて皮をむいたじゃがいもを
網にのせて10分燻製する

PART 3 ガッツリ燻製

今日から我が家の定番メニュー
ポテサラ

材料

燻製じゃがいも 2個　きゅうり 1/3本　ハム 2枚
マヨネーズ 大さじ2　塩 ひとつまみ
コショウ 小さじ1/3　パセリ 適量

作り方

1. 燻製じゃがいもは手で大きめに割る。きゅうりは5ミリ角、ハムは1センチ角大に切る

2. ボウルに1とマヨネーズ、塩を入れて、仕上げにコショウとパセリを散らす

たけだ's EYE

様子を見ながら塩分を調整してください。砂糖を追加するとコクが出ます

お約束の冷凍食品が食卓の主役に
燻製冷凍ピラフ

材料

冷凍ピラフ 1袋

作り方

凍ったままの冷凍ピラフを
浅い皿かアルミホイルにのせて
10分燻製する

たけだ'S EYE

お皿に盛りつけた後にチンすると、さらに燻製の香りが立ちます

PART

肉の燻製

これぞ燻製の醍醐味！肉の持つうまみを
煙でギュッと閉じ込め
カブリつきましょう

パーティーで
喜ばれる豪華な一品
お塩とレモンでどうぞ

スペアリブ
の燻製

材料

スペアリブ 適量

作り方

1. 肉に塩をふり、しばらく置いてからキッチンペーパーで水分を取る
2. スペアリブを網にのせて10分燻製する

たけだ's EYE

肉のサイズによって火の入り方が変わるので、様子を見ながら追加で燻製してください

外はもちもち中はしっとり
ささみの燻製

材料

鶏ささみ 適量

作り方

1. 肉に塩をふりしばらく置いてから水気を取る

2. 鶏ささみを網にのせて10分燻製する

たけだ's EYE

おつまみにはもちろん、サラダにも合います

香り高い極上肉に大変身 レモン塩でどうぞ

牛タンの燻製

材料

牛タン 適量

作り方

1. 肉に塩をふりしばらく置いてから水気を取る
2. 牛タンを網にのせて10分燻製する

たけだ's EYE

タンの厚みによっては、燻製時間を短縮できます

パーティーの定番メニューを
さらにグレードアップ

ローストビーフの燻製

材料

ローストビーフ 適量

作り方

ローストビーフを網にのせ
3分燻製する

たけだ's EYE

全体に香りをつける
程度でおいしくいた
だけます

熟成と燻製のハーモニー
生ハムの燻製

材料

生ハム 適量

作り方

生ハムを網にのせて火をつけて、煙が出たら、火を止めて3分ほど煙を落ち着かせる

たけだ's EYE

火を入れすぎると、あっという間にかたくなってしまうので気をつけてください

ハムの香ばしさと豆腐の優しさのハーモニー
生ハム豆腐

材料

生ハムの燻製 4枚　木綿豆腐 1/2丁　大葉 適量

作り方

水切りして細長くカットした
豆腐に大葉をのせ、
生ハムの燻製で巻く

たけだ'S EYE

オリーブオイルをかけるとうまみと風味が増します

サラダと一緒に朝食にどうぞ
スパムの燻製

材料

スパム 1缶

作り方

スパムを網にのせて
10分燻製する

たけだ's EYE

卵のかたさはお好みでどうぞ

たけだ's EYE

比較的失敗しにくい食材なので初心者向けです

ボリューム満点、男子料理の真骨頂
スパム卵とじ丼

材料

スパムの燻製 1/2缶　万能ねぎ 1/3束
麺つゆ 大さじ2　水 大さじ2　卵 2個　ごはん 1膳

→ジ

作り方

1 フライパンにめんつゆ、水、一口大に切ったスパムの燻製を入れて中火で加熱。沸騰したら3センチの長さに切った万能ねぎと割りほぐした卵を投入する

2 ふたをして1分経ったら火を止めて、ごはんにのせる

タレが煙を吸ってバーベキューソースのように
焼き鳥盛り合わせの燻製

材料

焼き鳥盛り合わせ 適量

作り方

焼き鳥を網にのせて5分燻製する

たけだ's EYE

レバーは火が入りすぎるとかたくなってしまうので途中で取り出してもOK

塩とレモンをかければ
ビールが進む絶品つまみに

砂肝の燻製

材料

砂肝 適量

作り方

砂肝肉に塩をふり、
しばらく置いて水けを取ったら
網にのせて10分燻製する

たけだ'S EYE

火の入り方を見ながら足りない場合は燻製時間を長くしてください

通好みの食材に一工夫
ミミガーの燻製

材料

ミミガー 適量

作り方

ミミガーを網にのせて
5分燻製する

たけだ's EYE

火が入りすぎると縮んでしまうので、さっと煙をまとわせるくらいでいいです

スーパーの特売品が奇跡の大復活
揚げ物総菜の燻製

材料

メンチカツ、ハムカツ
などの揚げ物 適量

作り方

揚げ物を網にのせて
5分燻製して火を止め、
5分寝かせる

NISE SMOKE

たけだ's EYE

揚げ物ならどんな食材でも簡単に燻製できます!

大きな口を開けて
かぶりつきたい
ラムチョップの燻製

材料

ラムチョップ 適量

作り方

ラムチョップに塩をふって
しばらく置いて水けをとったら、
網にのせて10分燻製して
火を止め、10分寝かせる

たけだ's EYE

最後にテフロン加工のフライパンで両面を焼きつけると、外はカリッ、中はジューシーに仕上がります

たけだ's EYE
中まで火が入っているか不安な場合は追加でトースターなどで温めてください

ツヤツヤの色味が食欲そそる
手羽先の燻製

材料

鶏手羽先 適量

作り方

塩をふってしばらく置いて水けをとったら鶏手羽先を網にのせて10分燻製する

PART 5

魚の燻製

失敗しづらい魚の燻製は
燻製の持つ実力を堪能できます

ギュッと濃縮した
干物のうまみが
さらにアップ！

アジの干物の燻製

材料

アジの干物 1枚

作り方

アジの干物を網にのせて
10分燻製する

たけだ'S EYE

アジに限らず干物は比較的簡単に燻製できて失敗知らず。お茶漬けにしてもおいしいです

PART 5 魚の燻製

キッチンで
あっという間にできる
瞬間
スモークサーモン

材料
サーモン刺し身 1人前

作り方

1. サーモンを入れていない状態で火をつけ、煙が出たところで火を止める

2. 網にのせたサーモンをスモーカーに入れ、火はつけずに残った煙で3分燻製する

たけだ's EYE

中の温度が高すぎると刺し身に火が通りすぎてかたくなってしまいます

コリッとした食感は酒肴にぴったり
つぶ貝の燻製

材料

つぶ貝の刺し身 1パック

たけだ's EYE

火が入って身が少しかたくなってもおいしいです

作り方

つぶ貝に塩をふりキッチンペーパーで水けを取り、網にのせて10分燻製する

すり身の甘さと燻香の相性◎
さつま揚げの燻製

材料

さつま揚げ 適量

作り方

さつま揚げを網にのせて5分燻製する

たけだ'S EYE

きれいにスモークされたさつま揚げは冷めてもおいしくいただけます

PART 5 魚の燻製

タレがうまみを吸って
画期的なおいしさに

ウナギのかば焼きの燻製

材料

ウナギのかば焼き 1パック

作り方

ウナギのかば焼きを網にのせて5分燻製する

たけだ's EYE

最初にキッチンペーパーでタレをふき取り、燻製後に別添のタレをかけるとおいしく仕上がります

ボイルされ豊かな風味、歯ごたえも楽しい
タコの燻製

材料

ボイルタコ足 1人前

作り方

キッチンペーパーで
タコの水けを取り、
網にのせて5分燻製する

たけだ's EYE

ごまドレッシング
は燻製の香りをさ
らにおいしく感じ
させてくれます

たけだ's EYE

カットしてから燻製
するとさらに香ばし
く仕上がります

さっぱりサラダに燻製のアクセント
タコサラダ

材料

タコの燻製 1本
アボカド 1/2個
水菜 1株
お好みのドレッシング
適量

作り方

一口大に切ったタコの燻製、
アボカドと、3センチの長さに切った
水菜をお好みのドレッシングであえる

噛みしめるたび溢れ出すうまみ
ボイルエビの燻製

材料

ボイルエビ 適量

作り方

ボイルエビを網にのせて
5分燻製する

たけだ'S EYE

スモークすることで
食感もよくなります

簡単にできて見た目も華やか
生春巻き

材料
ボイルエビの燻製 8尾
水菜 2株
ライスペーパー 2枚
スイートチリソース 適量

作り方
水で戻したライスペーパーで
ボイルエビの燻製と水菜を巻き
チリソースを添える

たけだ's EYE

パクチーを入れると
アジアっぽさアッ
プ。パプリカなど色
とりどりの野菜を入
れると見た目も美し
くなります

カリッとジュワッとうまい
しらすの燻製

材料
生しらす 適量

作り方
キッチンペーパーで水分をとりアルミホイルにしらすを薄く広げて網にのせ、5分燻製する

たけだ's EYE

燻製時間を長くすると水分が抜け、カリッとした仕上がりになります

予想をはるかに上回る
大根おろしとの相性の良さ
しらすおろし

材料
しらすの燻製 適量
大根 適量

作り方
大根をおろして水けをきって、しらすを添える

たけだ's EYE

燻製の風味と塩けが
ギュッと凝縮してい
るので、しょうゆは
いりません

本日のメインはこれで決まり
タチウオの燻製

材料
タチウオの切り身 1人前

作り方
タチウオの切り身に軽く塩をふり、網にのせて10分燻製する

たけだ'S EYE
皮が破れやすいのできれいに仕上げたい場合はクッキングシートなどにのせて燻製してください

PART 5 魚の燻製

頭から尾まで余さず食べたい
シシャモの燻製

材料

シシャモ 適量

作り方

シシャモが重ならないように、網にのせて5分燻製する

たけだ's EYE

お好みで長めに燻製してもおいしくいただけます

歯ごたえとうまみの両方が増します

ベビーホタテの燻製

材料

ベビーホタテ 10粒

作り方

キッチンペーパーで
ホタテの水けを取り、
網にのせて5分燻製する

たけだ´s EYE

熱が入るとかたくなるのですが、食感が変わって楽しいです

PART 6

コンビニ燻製

かつてない燻製の誕生
どこでも手に入る食材に煙の魔法を

スモークすれば気分は本物のアメリカン
アメリカンドッグの燻製

材料

アメリカンドッグ 1人前

作り方

アメリカンドッグを網にのせて10分燻製する

たけだ'S EYE

取り出す際は持ち手の木の棒が熱くなっているので気をつけてください

これぞ時短燻製の真骨頂！
ウイスキーにぴったりのつまみが完成
ビーフジャーキーの燻製

材料

ビーフジャーキー 適量

作り方

ビーフジャーキーを重ならないように網にのせて3分燻製する

たけだ's EYE

さらに燻製の風味を追加。まるで出来立てのような味わいを楽しんでください

PART 6 コンビニ燻製

たくさん作って晩酌のお供に
ミックスナッツの燻製

材料

ミックスナッツ 適量

作り方

ミックスナッツを網にのせて
10分燻製する

スナック菓子でもこんなに
うまくなるのです
ポテチの燻製

材料

ポテトチップス（お好みの味）適量

作り方

ポテトチップスを網にのせて
5分燻製する

たけだ's EYE

時間が経ってもおいしくいただけます

PART 6 コンビニ燻製

チータラの燻製

チーズとタラ、そして燻香
それは最高の組み合わせ

材料
チータラ 適量

作り方
チータラを網にのせて5分燻製する

カニカマの燻製

カニだって燻製カマせば
さらにうまくなる

材料
カニカマ 適量

作り方
キッチンペーパーでカニカマの水けを取ってから網にのせて5分燻製する

たけだ's EYE

キッチンペーパーに乗せて600Wで1分チンすると、お酒に合うおつまみに変身します

あのおやつの名作が
トガったおいしさに

とんがりコーンの燻製

材料
とんがりコーン（お好みの味）適量

作り方
とんがりコーンが重ならないよう
網にのせて5分燻製する

お値段以上に価値あるうまさ

うまい棒の燻製

材料
うまい棒（お好みの味）適量

作り方
うまい棒が重ならないよう
網にのせて5分燻製する

たけだ's EYE

駄菓子と侮るなかれ。スナックにまぶされた粉が煙を吸ってとてもおいしくなります

小さいけれど大きな存在感
うずらの卵の燻製

材料

うずらの卵 適量

作り方

うずらの卵をゆでて殻をむいたら、キッチンペーパーで水けを取って網にのせ、5分燻製する

たけだ'S EYE

燻製されたうずらのムニュッとした食感を楽しんでください

定番のつまみに一段階上の香りをトッピング
枝豆の燻製

材料

枝豆 適量

作り方

1 枝豆を塩ゆでして水けをきる

2 枝豆を重ならないよう
   網にのせて5分燻製する

たけだ's EYE

皮ごと燻製すること
で香りがつきます。食
べる直前に鼻でも楽
しんでください

お酒はぬるめの燗がいい
鮭とばの燻製

材料

鮭とば 適量

作り方

鮭とばが重ならないよう網にのせて5分燻製する

たけだ'S EYE

熱が入るとさらにかたくなりますが、食感を楽しんでください。お茶漬けにしても絶品です

口に入れた瞬間、溢れ出すうまみ
エイヒレの燻製

材料

エイヒレ 適量

作り方

エイヒレが重ならないよう
網にのせて5分燻製する

たけだ's EYE

七味とマヨネーズを
つけるとさらにおい
しくいただけます

乾き物の代表選手が小麦色に大変身
サキイカの燻製

材料

サキイカ 適量

作り方

サキイカが重ならないよう
網にのせて5分燻製する

たけだ's EYE

熱でチリチリに焦げた茶色の部分もおいしいです

鼻腔を刺激する燻香
フリーズドライスープの燻製

材料

フリーズドライスープ
(写真は玉子スープ) 1人前

作り方

フリーズドライスープを
網にのせて10分燻製する。
器に入れてお湯をかける

たけだ'S EYE

お湯を注いだ瞬間に立ちのぼる燻製の香りを楽しんでください

最上級のおもてなし
カマンベールチーズの燻製

材料

カマンベールチーズ
（カットしていないもの）1個

作り方

カマンベールチーズを
アルミホイルにのせて
10分燻製する

たけだ's EYE

あらかじめチーズの上部に十字の切れ込みを入れておくとチーズフォンデュのように楽しめます

PART 6 コンビニ燻製

味と色の変化を楽しむ
はんぺんの燻製

材料

はんぺん 1枚

作り方

はんぺんを網にのせて
5分燻製する

晩酌の新パートナーに
だし巻き卵の燻製

材料

だし巻き卵 1人前

作り方

だし巻き卵を網にのせて
5分燻製する

たけだ'S EYE

はんぺんの断面、つけ合わせの大根おろし。白を意識すると美しく盛り付けることができます

下町のソウルフードをワンランク上の味に
駄菓子の燻製

材料

お好みの駄菓子 適量

作り方

駄菓子をアルミホイルなどにのせて5分燻製する

たけだ's EYE

いろんな駄菓子で試してください

素朴な甘さと深い味わい
芋けんぴの燻製

材料

芋けんぴ 適量

作り方

芋けんぴをアルミホイルなどにのせ、5分燻製して火を止め、5分寝かせる

たけだ's EYE

手頃な芋けんぴでも最高級品のような味わいになります

たけだバーベキューの「くんせい」コラム ③

燻製は男を大人にしてくれる

男は本当に燻製が大好き。
キャンプもバーベキューもそうですが、何かと手間暇かけて作るものに惹かれるんでしょうね。僕も20代の頃は燻製に対してそこまで興味はなかったのですが、年を重ねて30を過ぎてからというもの、やたら燻製に惹かれるようになりました。
日本酒と燻製、洋酒と燻製、焚き火と燻製、葉巻と燻製など、男が好きなシチュエーションにまぁ合うんです。子供の頃、親からもらった誕生日プレゼントを開ける瞬間のドキドキ、とまでは言いませんが、スモーカーを開ける瞬間はいつもわくわくしてしまいます。
仲間とのアウトドアシーンでも燻製をよくやるのですが、大の大人が顔を突き合わせてスモーカーをのぞき込む姿はまるで子供のようで滑稽でありながら、なんだか素敵だなぁと毎度思います。
燻製は男を大人の階段を上らせ、そんな大人を子供に戻す、不思議な魔法を私たちにかけてくれるのです。

みんな一緒に
ナイスモーク！

PART 12

スイーツ燻製

甘いものと燻製の相性は抜群
お酒のアテにもなるんです

たけだ's EYE
水分の多いフルーツは燻製に適していませんが、ドライフルーツならお手軽に楽しむことができます

甘さにビターさをプラス
ドライフルーツの燻製

材料
ドライフルーツ(写真はアンズ・レーズン) 適量

作り方
ドライフルーツをアルミホイルなどにのせて5分燻製する

ホールでもカットでも
バームクーヘンの燻製

材料

バームクーヘン 適量

作り方

バームクーヘンをアルミホイルなどにのせて5分燻製する

たけだ's EYE

アイスクリームとメープルシロップを垂らすとさらにおいしく。食感の変化も楽しんでください

菓子パンがとびきりのごちそうに
メロンパンの燻製

材料

メロンパン 1個

作り方

メロンパンを網にのせ
5分燻製して5分寝かせる

つけたら EYE

外はカリッ、中はフ
ンっと。極上のスイ
ーツのような食感を
楽しんでください

1日経ったドーナツのリメイクに
ドーナツの燻製

材料
ドーナツ 適量

作り方
ドーナツを網にのせ
5分燻製して5分寝かせる

老若男女に
大人気のスイーツ
クッキーと
マシュマロの
燻製

材料

クッキー 8枚
マシュマロ 8個
板チョコ 1枚

作り方

1. クッキーの上にマシュマロ、小さく砕いたチョコの順にのせて、さらにその上からクッキーでサンドする

2. 網にのせ5分燻製する

たけだ's EYE

燻製直後はマシュマロがフワフワでチョコがトロッ。とびきりのごちそうスイーツです

PART 7 スイーツ燻製

バターと燻製の香りが出会ってしまった
パウンドケーキの燻製

材料

パウンドケーキ（個包装）適量

作り方

パウンドケーキを網にのせ5分燻製して5分寝かせる

たけだ's EYE

想像を超えたおいしさを、ぜひ一度試してください

バニラの風味と燻製の香りがよく合うんです

シュークリームの燻製

材料

シュークリーム 適量

作り方

煙が出たら火を止め
シュークリームを入れて5分待つ

たけだ´s EYE

燻製の煙を皮にまとわせるくらいの感覚でオッケーです

チーズと燻製の相性はご存知の通り
チーズタルトの燻製

材料

チーズタルト 1個

作り方

チーズタルトを網に乗せ
5分燻製する

たけだ'S EYE

表面が茶色くなったら完成の合図。軽く風味をつけるくらいがいいでしょう

Epilogue

時短燻製、いかがでしたでしょうか？　スモーカーとスモークチップ、これだけでいとも簡単においしく燻製ができてしまうんです。

コツを掴んだら、これを機にいろんな食材を燻してほしいです。家に余っている食材でもいいし、これも燻せそうだなと、ふと思った食材でもいいです。きっといい夜のおつまみになることでしょう。

そして時短燻製をマスターした後は、この本をそっと本棚に置いて、本格的な燻製に足を踏み入れることをおすすめします。塩漬けしたり、風乾したりと、時短燻製にはなかったさらなるうま味へのステップアップが待っています。

ここからは奥が深いですよ。燻製をもっと身近に感じてもらうこと、それがこの本を作ったきっかけです。塩、しょうゆ、"煙"。このぐらい親しまれるといいなと僕は思っています。

みなさまの今夜の晩酌に、薫り高い茶色く輝く一品が並ぶことを期待して……ナイスモーク！

5分でかける"煙の魔法"
晩酌が俄然(がぜん)楽しくなる超・時短燻製121

著者 たけだバーベキュー

1986年兵庫県生まれ。お笑い芸人としての活動を経て、バーベキュー好きが高じて2012年から「たけだバーベキュー」としての活動を開始した。現在はアウトドアタレントとして多方面のメディアで活躍している。また、バーベキューを通して出会った燻製にも熱烈な愛を持ち、今回、「時短燻製」を提案。著書に『すごいバーベキューのはじめかた』(小社刊)、『超豪快バーベキューアイディアレシピ』(池田書店)などがある。
オフィシャルHP=http://takeda-bbq.com/

装丁・本文デザイン	関根僚子
構成	パンダ舎
撮影	市瀬真以
スタイリング	茂庭翠
校正	麦秋新社
編集	小島一平＋有牛亮祐(ワニブックス)

2017年11月25日 初版発行

発行者　横内正昭
編集人　岩尾雅彦
発行所　株式会社ワニブックス
　　　　〒150-8482　東京都渋谷区恵比寿4-4-9
　　　　えびす大黒ビル
　　　　電話 03-5449-2711(代表)
　　　　　　 03-5449-2716(編集部)
　　　　ワニブックスHP　https://www.wani.co.jp/
　　　　WANI BOOKOUT　http://www.wanibookout.com/
印刷所　凸版印刷株式会社
DTP　　有限会社 Sun Creative
製本所　ナショナル製本

定価はカバーに表示してあります。
落丁本・乱丁本は小社管理部宛にお送りください。送料は小社負担にてお取替えいたします。
ただし、古書店等で購入したものに関してはお取替えできません。
本書の一部、または全部を無断で複写・複製・転載・公衆送信することは
法律で認められた範囲を除いて禁じられています。

©たけだバーベキュー／吉本興業2017
ISBN978-4-8470-6599-6